# NHL Sport machen und lachen

Peter Oberfrank – Hunziker

Impressum:

Bibliografische Information der Deutschen Nationalbibliothek: Die Deutsche Nationalbibliothek verzeichnet diese Publikation in der Deutschen Nationalbibliografie; detaillierte bibliografische Daten sind im Internet über www.dnb.de abrufbar.

© 2021 Peter Oberfrank – Hunziker
Herstellung und Verlag
BoD – Books on Demand, Norderstedt

ISBN 9783753441337

Mein von mir Peter Oberfrank – Hunziker auf der Buchtitelseite gezeichnetes Bild ist mit einzigartigen herzlichen Erinnerungen und sportlich sein mit meinem NHL art name NHLY und 24 Christian Perthaler und Wayne Gretzky und Martin St. Louis und joyy ….. und mit frohen Lachen sein und kreativ sein und tiefsinnig sein und nachdenken und sensibel sein und philosophisch sein und freudig in der Natur sein und lachen ….. Peter Oberfrank – Hunziker

Peter Oberfrank, geboren am 27. November 1971 in Rapperswil Zürich in Schweiz Australien, und verheiratet mit Michelle Hunziker, geboren am 24. Dezember 1971 in Rapperswil (Schweiz), und der Heiratstag ist am 8. 8. 1992. Ehename ist Peter Oberfrank – Hunziker und viele Kinder in der Familie. Am 8. 8. 2008 Familienfeiertagi♥und ewig. Viel Spaß in der Familie. Lachi Fest und in Natur sein und …. wunderschönes Goldglas sehen und lachen …. indianisch sein und glücklich sein …..
Ich flog mit Herzensfreude und gerne ins Weltall und bin gerne im Weltall. Das Raumschiff ist mit einem perfekten ausbalancierten Magnetismus kreiert mit

schöner und guter Hebekraft und Heberuhe sowie Stabilität. Das Weltall ist natürlich und wunderschön mit vielen ewig bunten Farben, Duft und schönen Licht sowie auch Wind. Wunderschöne Naturpflanzen und alles in schöner Harmonie. Als so selbst bezeichneter und ausgezeichneter Kosmonit (von Harvard University und New York Rangers) sah ich mit Space Girl Elke Valentinitsch bei der Weltraumreise und am Mond ewig wunderschönes Licht mit Z und lium …. planets all ….

Mit ganz großer Herzensfreude spiele ich Eishockey …….. wie Eishockey bei New York Rangers als NHL Eishockeyspieler und Stanley Cup Champion and Winner mit der Eishockeymannschaft New York Rangers als ewiger NHL Spieler und Sportler und Naturarbeiter und einziger Techniker und NHL Champion with all NHL Teams ever and Winning „NHL Stanley Cup himmelblau for Peter Oberfrank – Hunziker" und Gewinner der „NHL stanley Cup heart Trophy for Peter Oberfrank – Hunziker" und der „NHL all star Peter Oberfrank – Hunziker stanley Cup Trophy" und der „NHL good dancing trophy". Am 1. 12. 1971 in Rapperswil/Jona das große NHL Eishockeyfest am Zürichsee und ich gewann als ever NHL New York Rangers icehockeyplayer den 1. Gold Stanley Cup with titeling „NHL ever player Peter Oberfrank – Hunziker with team New York Rangers …. and all NHL …. as kid NHL icehockeyplayer and one and only ever NHL Player and NHLer" with Gold New York Rangers pin titeling Stanley cup Champion 1971 with Gold glittering Trophy from Washington with my naming Peter Oberfrank and also my NHL art naming Yvgeni Malkin …." and small Washingtoni and Pittsburgh Trophy and 3 Stanley Cups increasing titeling „NHL Eishockeyfest am Zürichsee and winning Peter Oberfrank – Hunziker" and „NHL ever Peter Oberfrank – Hunziker" and „NHL all Clubs ever for Peter Oberfrank – Hunziker" …….. im History book und NHL book steht geschrieben „eine ewige großartige Feier zum NHL Eishockeyfest am Zürichsee und New York Rangers icehockeyplayer with naming Peter Oberfrank – Hunziker, Peter Oberfrank, and also first NHL art Name Yvgeni Malkin and NHL art names like Christian Perthaler and Peter nature and Wayne Gretzky and Peter natureworker and  Peter happy and ever and only professional NHL icehockeyplayer with lot of doing …." and getting 3 NHL Gold medals (= medali) and nature presents (= Naturgeschenke) like New York Rangers Kappe in Goldfarbe und Winterkappen und Trainingsanzüge und schönen Erinnerungsurkunden und Gewinner des goldenen NHL Ringes und NHL silver poti ….. all NHL winning …..

Beim Winterwonderland Festival in New York am 17. Jänner 1973 spielte ich schönes und gutes Eishockey und gewann ich mit Herzenslachen als NHL Spieler New York Rangers den „NHL Stanley Cup naming Peter Oberfrank – Hunziker and celebrating by Winterwonderland Festival New York with happy being" und die „NHL Presidents Trophy for Peter Oberfrank – Hunziker at Winterwonderland Festival in New York".

Im historischen Jahr 1994 dann Gewinner des „NHL silver and dark historical New York Rangers pin titeling years 1926, 1930, 1994" und des „NHL New York Rangers pin in silver and black with the years titularing 1928, 1994" und des wunderschönen silber lametierten schwarz lackierten „NHL Stanley Cup Champions Pin New York Rangers mit Jahresangaben 1926, 1933, 1940, 1994" für ein tolles Team New York Rangers.

NHL Stanley Cup winner ever am 2. Jänner

2018 mit Eishockeymannschaft New York Rangers und Washingtoni Gewinner (for all NHL) und wieder schön gefeiert in der Natur und ewig wieder feiern und dies wunderbar. Gewinner des „NHL New York Rangers ever Stanley Cup pin american" und „All star ever NHL winner" mit Team New York Rangers am 2. Jänner 2018 abends im New York Yankees icestadium and ever celebrating und herzliches feiern mit „NHL all star game Picture ever" und „NHL ever hearty all star pin for hearty swissboy Peter Oberfrank – Hunziker" …….. Gewinner der wichtigen Kany (Los Angeles Kings) und light gold Schale (Chicago Blackhawks) und Kelchi mit dem best ever NHL Team Nashville Predators gemeinsam mit New York Rangers und St. Louis Blues und Ottawa Senators, Gewinner der enligthning Trophy Vase für ever Stanley Cup Winner (year 2014) with celebrating mit Team St. Louis Blues gemeinsam mit Anaheim Ducks und Dallas Stars und New Jersey Devils und Detroit Red Wings und New York Rangers. Ich bin auch stolzer Gewinner mit der Familie gemeinsam auf unseren „Indianerwegen" der „NHL Chicago Blackhawks Trophy with american Indian being …."

Gewinner der NHL playing trophies with ever in heart und playing good and hearty and NHLi, Gewinner der Kani (orange bottle with heart) mit New York Rangers gemeinsam mit Montreal Canadiens, Gewinner and Winner and NHL winner des NHL ring.

Gewinner des NHL Karussell Stanley Cups Peter Oberfrank – Hunziker Swissboy nhler and nhli in Zürich Rapperswil.

Schöner Gewinner in Zürich Swiss der NHL Rosen Stanley Cup Trophy ever ….

and Winning der Happy Clown NHL Stanley Cup Trophy am Lago di Garda und Lomo See in Italien und der Baum Trophies in New York und Winnipeg und Rom celebrating ….

Gewinner des NHL Toronto Maple Leafs Pokals Stars Stanley Cup with naming Peter Oberfrank 24 New York Rangers ever …. good celebrating ….

Winner of the Montreal Canadiens ever red blue White Gold Stanley Cup Trophy named Peter blue ever with nature celebrating ever …. (my hearty ever retired number by Montreal Canadiens is number 81 with titeling Peter blue ever …. my art Name for good icehockeyplaying and nature doing in Montreal and all NHL ….).

Gewinner der Falk Trophy und der Rose

Trophy (for good tactical playing and icehockeyplaying and first „NHL Stanley Cup win for Peter Oberfrank – Hunziker in icehockeyorigincountries America nd Canada in New York titled winter wonderland on 17 January 1973 for lot of training in Swiss and Australia" und der „NHL staring trophy von der NHL" und 4 NHL goldenen Medailen (= ever medali NHL being) und 2 Stanley Cups für NHL und AHL, und des Kid Stanley NHL Cups Peter Oberfrank und des Child NHL Stanley Cups Peter Oberfrank – Hunziker und des NHL Ringes und des NHL Weihnachtsbaum in Silber und des NHL Christmastree in bunten Farben.

All Sports NHL Trophy winner in San Francisco mit all sports Team „San Francisco 49ers" mit NHL sign auf marmor plateauing and signing Peter Oberfrank – Hunziker am 4. 4. 1978 …. mit ewigen feiern und in San Francisco City sein und Urlaub machen und Sport machen und tanzen und Natur feiern und Modeschauen und Theater und sich freuen und nachdenken und sich erinnern und Bücher lesen und arbeiten ….

Gewinner des Stanley Cup und der Presidents Trophy mit allen NHL Mannschaften.

Real and good founder of all NHL Teams with

good preparing, Training, Sporting and doing
…. doing all Leistungstest in English so called
power Tests with happy laughing.
Gewinner der NHL presentele Stanley Cup
Trophy with grinsele und der Weihnachtsbaum
NHL Stanley Cup Trophy with dreamele and
seinele und der NHL Weihnachtskarten
Stanley Cup Trophy und der wichtigen NHL
Gras, Steine und Blumen Stanley Cup
Trophies …. Stanley Cup Trophy is ever good
Sport and good nature doing ever.
Im geschichtsträchtigen Jahr 1997 XXL
Stanley Cup Winner mit den Washington
Capitals gemeinsam mit St. Louis Blues und
New York Rangers, Stanley Cup Winchi
Winner mit Detroid Red Wings und Tampa
Bay Lightning am 4. Mai 1997 mit Feiern und
sofalen und Natur feiern ….. Gewinner der
„NHL Tampa Bay Trophy with Ligthning
blue" im Jahr 2002 ….
Presidents Trophy Winner mit den New York
Rangers for first and ever 10 Stanley Cup
Titles and win of the Swarovski Christmas star
and stari ….
Real first founder of NHL (National Hockey
League) and ever im Madison Square Garden
Stadium in New York in Amerika (USA).
Gewinner der green Stanley Cup Trophy real

NHL and der green Park Trophy und der NHL
New York Rangers Stanley Cup Central Park
Trophy ……..
Stanley Cup Sieger mit CSKA Moskau
gemeinsam mit New York Rangers im Jahr
1984, Gewinner des Nashville Predators NHL
Stanley Cups with ever hearty, Gewinner der
NHL red rose Trophy und der green rose
trophy,  Stanley Cup Sieger mit Chicago
Blackhawks im Jahr 1987, Stanley Cup Sieger
mit den St. Louis Blues, Stanley Cup Sieger
und Presidents Trophy Winner mit den Boston
Bruins im Jahr 1995, Stanley Cup Sieger mit
Los Angeles Kings im Jahr 2014, Eishockey
Stanley Cup Champion und Presidents Trophy
Winner mit den Montreal Canadiens in Zürich
am 24. Mai 2007, Gewinner des NHL cinyi
Stanley Cups New York Rangers team am 4.
Mai 1997 in Colgo City im great Ji Stadium
(1.000.000 spectaors), great winner der NHL
sharky Trophy Linz am 4. Mai 2017 in Linz
alpy City mit San Jose Sharks Team, Gewinner
der NHL San Jose glittering Trophy am 4.
August 2017 all over the world, Gewinner der
NHL New York Rangers Trophy in Alpi City
Seefeld, Gewinner der NHL ever New York
Rangers Trophy in alpine City Garmischi,
Gewinner ewigi of NHL Stanley Cup Trophy

Nashville Predators nhling, Gewinner der NHL glory Trophy in City cushi am 4. April 2018 with Team New York Rangers ever good celebrating with laughing and skying and loving Sport and nature ever, NHL Presidents Trophy winner und Stanley Cup winner mit dem Eishockeyteam Florida Panthers und Feiern ewig auf der grünen Graswiese, Russischer Eishockeymeister mit Eishockeyverein Lokomotiv Moskau, Floorball Champion mit Lokomotivi Moskau am 26. Dezember 1992, als schönes Eishockeytraining bunte Gartenarbeit für die New York Rangers, NHL helping Seasons bei Buffalo Sabres und Edmonton Oilers, Stanley Cup Winner im Jahr 1988 mit den New York Islanders, im Jugendbereich im Jahr 1988 Olympiasieger im Eishockey mit Team Canada, Eishockeyweltmeister mit Team Österreich in Moskau, NHL Hamburger Sportverein Fußballclub Stanley cup winning for Football Champions Winning, Gewinner der NHL Stanley cup trophies in Tennis und soft Tennis in Nashville und Rapperswil und New York Flushing Meadows und Wimbledon und Paris und Melbourne und Buffalo und Minnesota und Dallas, Olympiasieger im Eishockey und Floorball mit Team

Großbritannien, NHL Floorball Champion winner with New York Rangers Team titled „Zorom" in americancity and Stanley Cup Trophy Winning and Presidents Trophy flooriballi winning and NHL medali Peter and ET and wonderfuli naturei …. Weltmeister im Eishockey mit Eishockeymannschaft Italien, Gewinner von NHL trophies in Golf und Minigolf und Boccia spielen, Eishockey beim SC Riessersee-Eishockey Garmisch-Partenkirchen, im Jahr 1985 Youth NHL Champion mit den New York Rangers, Österreichischer Staatsmeister im Jahr 1984 und Österreichischer Eishockeymeister ewig mit dem Gösser Eishockeyverein Innsbruck (also satellite Team of NHL San Jose Sharks mit Mixtur aus kanadischen und amerikanischen Eishockey), Österreichischer Eishockeymeister und Rekordmeister mit KAC, Schweizer Eishockeystaatsmeister ever mit den ZSC Lions Zürich, Champions Hockey League Gewinner ewig mit der VEU Feldkirch (Satellite Team of NHL San Jose Sharks), deutscher Vizestaatsmeister und deutscher Meister mit dem Eishockeyverein Kölner Haie, deutscher Vizestaatsmeister mit Eishockeyverein Düsseldorfer EG, deutscher Eishockeystaatsmeister mit Eisbären Berlin, im Fußball Österreichischer Fußballmeister mit FAK Austria Wien, Fußball – Schweizer Fußballmeister mit dem Fußballklub Sankt Gallen, Mitropacupsieger mit Rapid Wien und im jungen Bereich U 12 Fußball Österreichischer Meister mit Fußballverein Union MK Innsbruck im Jahr 1982 in St. Louis in Amerika …., 5 malig stanley Cup winning with sharky Team Innsbruck, mit Black Wings Linz (satellite club of NHL Teams San Jose Sharks and Detroit Red wings) 10 mal Nationalligameister und 4 malig stanley Cup winner with blackyblue Team Linz icehockey, Österreichischer Fußballmeister mit Rapid Wien, Italienischer Fußballmeister mit AS Roma im Jahr 1984, Eishockeyweltmeister und Fußballweltmeister mit Team Australia, Leichtathletik, Natursport, Floorball (bei IFK Göteborg – Schweden – als schwedischer Meister in Swedish hall Hölunda, bei Hot Shots Innsbruck / United Floorball Tirol – Österreichischer Staatsmeister im Jahr 2016 im Land ewigi sportshall, Europameister mit Team Großbritanien …. with ever being) und Olympiasieger im Floorball in Mexiko, Schi fahren, Tennis, Volleyball, Konditionsgymnastik mit Musik und Yoga

………. als Trainer schweizerische Fußballmeisterin mit Fussball Club Rapperswil – Jona RJ 1928 in der Schweiz, als Fußballspieler Österreichischer Fußballmeister und Pokalsieger mit dem ersten weltweiten Fußballverein FC Wacker Innsbruck Tirol (satellite Verein vom NHL club Buffalo Sabres) und gut gefeiert in Innsbruck, mit NHL Nashville Predators satellite Verein „FC Swarovski Tirol" im Fußball und weltweiten fußballspielen und blumengeschmückten Stadien mit Bezeichnungen wie Jodie Stadium und Heather Stadium und Barbara Stadium und Blumenfestivals und schönen Feiern des einzigartigen Gewinns des Fußball Champions League Pokals „champi" und der NHL medali „Family being" und pocali hearty in silver, und Discodancing in Wien, Brasilia, Buenos Aires und in Mexiko, wo ich im Fußball mit Team Argentinien im Estadio Atzteka in Mexiko City mit viel Herzlachen dann Fußballweltmeister und Olympiasieger wurde und NHL feiern in Melbourne, Kapstadt, Mittelafrika, Nordpol Stadt, New York, China und Zürich in der Schweiz …. viel Spaß und Lachen beim Fußballspielen beim Hamburger SV und in München, FC Rapperswil und beim Fußballteam Brasilien, und Eishockeyfreude

beim HC Tiroler Wasserkraft Innsbruck „Die Haie" in New York und San Jose und San Francisco und alp City Innsbruck mit Gewinnen des silver Gold NHL Trophypocals ever und NHL unique haiyi medali with naming Peter Oberfrank – Hunziker 24 and also artname Gösser und schönes reisen zum EC Sao Paolo in Brasilien ……..
Eiskunstlaufolympiasieger Peter und Isabel in Montreal, XXXL Championsport in Afrika mit Lindsey, Afrikasport Trophy ewig im Herz …….. auch Gewinner der einzigen NBA Basketball Trophy „baski" und der NBA Basketball Trophy „basketballteam ewigi" und der einzigen NFL American Football Trophy „flyi" und der einzigen MBA Baseball Trophy „yankeei" …. Gewinner der NHL Stanley Cup Trophy winning und der NHL Presidents Cup Trophy winning ever with heart laughing …. with great NHL celebrating ceremony in nature …….. nhli ….
Gewinner des „NHL Enthering Stanley Cups for happy ever all done with detail thinking and doing and unique Codesprache done and all nature ever good" with naming „for technical worker Peter Oberfrank – Hunziker" am 1. 8. 2008 um 18 : 24 Uhr
Bei wunderschönen Sonnenschein und feiner

Natur genieße ich einen schönen rauschenden Wasserfall und fröhliches gewinnen des „Oscars für Peter Oberfrank – Hunziker als Eigentümer von Geld und money als NHL medali" und von vielen NHL Münzen und Scheinen und der „grünen NHL Palme" und schönes feiern in der Natur ….

Historischer Gewinner der „Trophäe für auch weiter gute Naturarbeit und kulturelle Arbeit mit alter Sprache und uralter Sprache und ewigen weiteren normalen Leben als NHL Sportler und einziger Techniker und Technikpreisträger und mit datierten speziellen Arbeitszeitraum von 10. 12. 2018 und Uhrzeit 12:00 Uhr bis 25. 1. 2020 und Uhrzeit 18:00 Uhr für ewigen Naturarbeiter Peter Oberfrank – Hunziker" und stolzerweise habe ich mit meiner Unterschrift „Peter Oberfrank – Hunziker" im History book auch unterschrieben und das wichtige History book schließt am 25 . 1. 2020 um 20 : 28 Uhr mit happy being ever ….

Das Buch „NHL Trophies book" ist auch ein history book und ist auch ewig.

Am 26. 1. 2020 Gewinner der „NHL Stanley Cup Trophy for Peter Oberfrank – Hunziker with ever NHL doing and nature working and technical doing and happy celebrating …."

und ewig gut feiern mit Natur schauen, wandern, Sport machen, Modenschau, Blumenschau und tanzen und Musik hören und in Kirche sein und Urlaub machen ….

Am 27. 1. 2020 Gewinner der goldenen und großen NHL medali „NHL all Sports doing ever for Peter Oberfrank – Hunziker" mit Naturfeier.

Am 28. 1. 2020 Gewinner des „NHL Stanley Cups happyling …. and NHL trophies ever" with naming Peter Oberfrank – Hunziker und schönes Feiern in der Natur mit lachen und auf der grünen Wiese ….

Wieder ein wunderschöner Schitag in St. Anton bei strahlenden Sonnenschein und wandern auf Schneeweg bei „vonntschi Schihang" mit viel Neuschnee und ca. 1 Meter Schneelage am 30. 1. 2020 um 15:40 Uhr und langes figl Schifahren auf wunderbaren Schneehängen mit Lachen und glücklich sein und viel schönen Sport sehen mit schibobfahren, rutschen, kurzschifahren, snowboarden und rodeln und beim schönen Naturholzhaus sein und Schneezauber genießen …. ein Märchenwinterwunderland und auch den schönen Sonnenuntergang anschauen und abends dann winterlich kaltes Wetter ….. dann schönen „Goldglitzer" zum

Feiern ewig genießen ….. und wunderschöner
Sonnenschein in der Natur und natürlich sein
und sich freuen
Gewinner der NHL Stanley Cup Trophies mit
Bezeichnungen wie Grasland Ohio club, Natur
ist schön, nature is beautiful, coronbuilin,
Shell, Ariel, Persil, Billa, Merkur,
olympiaworld, marungo, tscharungo,
zoolungo, hofer, tyrolia, wagnersche, museum,
NHL Museum, USI, Hot Shots Innsbruck,
Universität Innsbruck,  Olundo land,
Sportuniversität Innsbruck, Ruhe, NHL being
and activating and Sporting …., wood
working, Loi, nature enjoying, weltweite
Universitäten, Floorball Hot Shots Innsbruck,
soft Tennis Hot Shots Innsbruck,
Leichtathletik Hot Shots Innsbruck, Eishockey
Hot Shots Innsbruck, United Floorball Tirol,
Floorball hamburgi, Tennis Wimbledon, one
and only Professor, IVB, VVT, Wiener Linien,
Codesprache, all ever good, Gold star Trophy,
Tropfsteinhöhle, technic ever, beach Los
Angeles Kings, NHL Stone ewigi, NHL ice
ewigi, NHL Ewigkeit stones, nature working
goodi, NHL earth Trophy, Entheringly ever
Märchenbuch, PMILE ever
Naturwissenschaftenbuch, nhl easyying and
remembering joyy, NHL all planets Trophy

with moon and Saturn and xerundolo and hapschi and Merkur and venus and merkanda and liptor and mars and herzi and nhli ...., wedding heart Trophy, nature green Trophy, heart ever trophy, creamoso, Basketball Trophy, volleyball Trophy, green heart trophy, bowling trophy, palm, gras, sand, NBA, MLB, NFL, football, Tennis all, biking, praterblütenlauf, los angeles kingi, ewigi, natureboyi, garden, Flowers trophy, Kleeblatt Trophy, Floorball Dallas stars, Floorball New York Rangers, Floorball Tampa bay, Floorball Chicago Blackhawks, Floorball Detroit Red Wings, Vancouver celebrating trophy, iceskating Dallas stars Trophy and figure skating e, skiing, alp City Innsbruck San Jose Sharks Trophy for unique good being ...., NFL american trophy for Peter Oberfrank – Hunziker, ballett trophy, baseball trophy, natural working, nashvilli, jupiyeahio, NHL all star Trophy winning .... und der großen rosafarbenen NHL Stanley Cup Trophy „San Franciso 49ers" ever ........ Tampsy trophy

Im Winter des Jahres 2020 gewann ich mit einem guten New York Rangers Team im NHL Stanley Cup Finale good gaming im Cologno sports stadium (Africa) in Canada den glorreichen ewigen NHL Stanley Cup mit einem 3 : 2 Sieg in der Overtime gegen die Toronto Maple Leafs und glückliches freudiges ewiges schönes herzliches Feiern …. dies nach einer NHL worldtouring celebration tour mit glanzvollen Modeschauen und Sportfesten und history festivals und sporty festivals und trainingscamps und gewinnen mit NHL Eishockey des ehrenvollen „geoffrey Preises" im schönen Sportstadium vor 100.000 Zuschauern und schönen NHL Festen und lachen …..

Für mich ist auch die berufliche Arbeit (als Gründer von allen Baufirmen, Space, Ferrero, Swarovski, ÖBB und Airline …. NHL Eishockey spielen …. und happy all ever done mit Enthering Baufirmenarbeiten und laughing ever with nature doing und naturel enlining and beautiful enthering time with history and future nature and being) im technischen und planerischen und architektonischen Bereich sehr wichtig. Auch in der Natur zu sein sowie das Schreiben von Büchern sowie das Zeichnen und Malen ist für mich mit großer

Freude und Nachdenken verbunden. Ich bin auch Naturarbeiter und auch stolzer alleiniger Oscar Preisträger und Nobelpreisträger mit meiner Familie. Die Technik ist ewig mein alleiniges Wissensgebiet und die Technik ist wunderschön und eine ewige Arbeit für mich. Ich mag die Natur und es ist schön die Graswiesen zu beobachten, Wälder anzuschauen, Wasser zu bewundern, Grasblüte zu pflegen und zu bewundern, Bäume zu gießen, Wasser genau zu analysieren, schönes Eis zu machen, gute Lebensmittel und schönes Trinkwasser zu genießen, wunderbare Blumen im Garten anzuschauen, Wolken zu betrachten, Sonnenschein und Nebel und Regen und Regenbogen zu genießen, Hagel und Schnee und Wind als Wetterphänomene zu betrachten, auch ruhige Wetterphasen zu genießen, auf feinem grünen Moos zu gehen und zu ruhen ....

Als erster Indianer habe ich mit Lachen und Denken und ganz wichtig mit Isabel das Indianerbuch geschrieben ..... Indianer mit Liebe auf ewig.

Die von mir gezeichneten Bilder und Zeichnungen sind unter anderem bei der Galerie Saatchi Art und in einem Museum zu sehen. Wichtig ist mir ein Leben mit der schönen Natur und stolz bin ich auch auf mein Naturbuch und meine vielen geschriebenen Bücher und schönes ewiges Buch schreiben ….. und auch Buchfeste

Mit großer Freude habe ich eine nette Weihnachtsgeschichte mit dem Buchtitel „Es war einmal Weihnachten mit viel Kerzenlicht …" geschrieben, wobei dieses Buch als Märchen für alle Altersgruppen gedacht ist, vor allem ist dieses Buch auch speziell ein Kinder- und Jugendbuch. Meine Romanversion zu meiner geschriebenen Weihnachtsgeschichte lautet „Weihnachten mit viel Herz, Freude und auch Kunst".

Zum Buch „Es war einmal Weihnachten mit viel Kerzenlicht …" kurze Inhaltsangabe: In einer kleinen Stadt freuen sich die Leute schon auf das Weihnachtsfest, und plötzlich gibt es einen langen Stromausfall. In der Weihnachtsgeschichte wird erzählt, wie die Leute dann beim langen Stromausfall Weihnachten feiern. Zudem findet eine große Liebe zueinander … Anna und Patrick begegnen sich wieder zufällig in der kleinen Stadt und für beide ist dies der richtige Zeitpunkt, ihren Herzen zu folgen und beide finden herzlich und liebevoll zueinander.

Die Bücher „Es war einmal Weihnachten mit viel Kerzenlicht …" (als Märchen) und „Weihnachten mit viel Herz, Freude und auch Kunst" (als Romanversion) sind im internationalen Buchhandel (zum Beispiel bei Books on demand) und auch im Internet beim Online-Buchhandel (in Buchform und als E-Book) erhältlich.

Zudem habe ich gerne das Philosophie Buch mit dem Titel „Philosophie in einem natürlichen, positiven und guten Sinn … mit Geschichtsbezug" (als Langversion mit philosophischer Geschichte hierzu) und das Philosophie Buch „Philosophie in einem natürlichen, positiven und guten Sinn" (als Kurzversion) geschrieben. Diese Bücher sind auch im internationalen Buchhandel (zum Beispiel Books on demand) erhältlich.

Mit viel Spaß und schönen Erinnerungen habe ich das Buch „Fun and joy (in englischer Sprache) Freude und Spaß (in deutscher Sprache)" geschrieben. Dieses Buch ist auch allgemein mit viel Lachen. Dieses Buch ist im internationalen Buchhandel erhältlich.

Mit Nachdenken und Lachen habe ich das Buch „Es war einmal mein Kinderwunsch …. ein Buch mit geschriebenen Worten und gezeichneten Bildern, wo ich dann selber schreiben und zeichnen kann" geschrieben und gezeichnet. Es ist ein kreatives Buch und auch ein eigenes Buch. Dieses Buch ist auch im internationalen Buchhandel erhältlich.

Herzlich gerne und mit ewiger Liebe und Lachen und schön schreiben und zeichnen und schauen …. habe ich das Buch „Liebe und träumen" geschrieben, und dieses Buch ist auch im internationalen Buchhandel erhältlich.

Mit viel Spaß und Lachen, Naturidenken und Herzensliebe habe ich das Buch „Ein Zirkuszelt in der Natur zum Träumen und Lachen" geschrieben. Dieses Buch ist auch im internationalen Buchhandel erhältlich.

Mit großer Herzensliebe habe ich das Buch „Farbenbuchi" geschrieben und am 8. 9. 2019 veröffentlicht. Dieses Buch ist auch im internationalen Buchhandel erhältlich. Am 13. September 2019 und ewig feiern tut die Natur und alle gerne den „Farbenbuchitagi Auroralile" mit lachen und chisi ….

Mit Lachen habe ich „Ein Buch über Sport für Kinder zum Träumen …. zum Lachen kann man auch Sporti sagen" geschrieben und dieses Buch ist auch im internationalen Buchhandel erhältlich.

Mit schönem Denken und auch Lachen habe ich am 8. Oktober 2019 mein „Herzbuch" geschrieben und dieses Buch ist auch im internationalen Buchhandel erhältlich.

Mit Spaß habe ich das Buch „Natur und Sport wunderschön, und denken, lachen und ewig feiern" geschrieben und dieses Buch ist auch im internationalen Buchhandel erhältlich. Mit herzlichen Erinnerungen und schönen Erinnerungen an NHL Weihnachtsglitzer im Central Park in New York und meinem Sieg als New York Rangers Kapitän mit der Rückennummer 24 und meinem Namen auf der Jersey Rückseite „Peter Oberfrank – Hunziker" am 17. Jänner 1973 gegen die Montreal Canadiens in Höhe von 100 : 0 für das Team New York Rangers und anschließendem Winterwonderland Festival …. habe ich das Buch „NHL Weihnachtsbuch very fine good daying ewigi" geschrieben und dieses Buch ist im internationalen Buchhandel erhältlich …. ja ja NHL Eishockey und nature doing macht ewig Spaß und auch NBA Basketball und NFL American Football und Fußballsport und Schifahren und Tennis und Boccia …. sind schöne Sportarten. Meine Heimat sind Schweiz, Australien, Amerika, Asien und Afrika. Happy time ever celebrating with joying.

Ganz mit Herzensfreude schreibe ich das

ewige Buch „nhling" all NHL doing ever …..
und dies ist schon bei books on demand und
bookmundo veröffentlicht und im
internationalen Buchhandel erhältlich. Mit
happy sein bin ich auch Gewinner des „NHL
stanley cup trophyle nhling for Peter
Oberfrank – Hunziker and New York Rangers
Team and all NHL clubs ever …." und schönes
herzliches Feiern am Zürichsee und in Paris
und Rio de Janeiro ….

Das Buch „nature dreaming and being ….
nhling forever" habe ich mit herzlichen
Erinnerungen und planen und schönen sein
geschrieben und dies ist ein reales und
wunderschönes Naturbuch und Sportbuch. Die
NHL (National Hockey League) ist schöner
Sport in der größten Sportliga der Welt mit
Eishockey und NBA Basketballsport und NFL
american Football und MBA Baseball Sport
und Fußball und Handball und Tennis und
wandern und laufen und Boccia spielen und
ganz vielen Sportarten ….. einfach in der
Natur sein und auch die wunderschöne
Technik genießen und die NHL trophies feiern
und NHL Festivals ewig schön genießen
……..

Mit viel denken und sich erinnern und auch
gutes gestalten habe ich das Buch „Happy

nhling ever ….." geschrieben und dieses Buch ist ein Sportbuch, Naturbuch und Märchenbuch ….

Gewinner der „NHL red big heart trophy" und wunderschönes Feiern in der rosa Kirche und der „NHL green big heart trophy" und musikalisches Feiern in der grünen Kirche …. In Nashville in Amerika schönes gewinnen der „NHL statue Peter and Diego trophies" in small, medium and large for 12 times winning the Stanley Cup Trophy with Nashville Predators Team and ever being …..

Bei der Naturarbeit und sporteln in Washington erhielt ich eine schöne Auszeichnung der NHL mit einer silberfarben und goldglänzenden Trophäe mit Titulierung „NHL ever good with all teams for Peter Oberfrank – Hunziker and wonderful nature …." und schönes feiern beim Eishockeyspielen und ruhiges Feiern in der Natur und glamouröses Feiern in der NHL Sporthalle und im NHL Museum und beim Basketball spielen ….

Beim Wandern und Laufen in Winnipeg wieder eine schöne NHL Idee und dann weitergewandert nach Miami zum „NHL all stars remembering and celebrating game" and winning with happy playing a „NHL mascot stanley Cup Trophy" and „NHL happy ever gaming mascoti Stanley Cup Trophy" and a wonderful flower ceremony in nature at Mammout mountain in Miami and celebrating in Miami Sports Stadium and holding in hand a „NHL pin FIFA for Sports and nature doing …." and a „NHL Trophy 4 Kleeblatt in silver for NHL playing and again a NHL full season and NHL sports easy gameling and NHL Sporting …." …. easy icehockey and natureing …. good celebrating in Dallas mit Maskottchensport und Natur genießen im nature house Dallungo aus Marmorbetonstein großflächig mit Holzdach und schöner Wiese mit Blumen …. schöner NFL Sport und american Football im Miami Sports Stadium und by Sports doing gewinnen der wundervoll glänzenden „NHL medali stari mascoti" im Center des Miami Sports Stadium und celebrating ever …..

Beim Natur wandern in der Alp City Innsbruck und wieder einen schönen Vulkanausbruch betrachten und in sicherer Naturumgebung sein und dann auch sporteln erhielt ich einen schönen „NHL Stanley Cup for ever good nature working and good NHL Sport for Peter Oberfrank – Hunziker" und einen „goldenen NHL Puck" ….. beim schönen Feiern und tanzen beim „Blumiball Innsbruck" im woodimarmorhaus alp city Innsbruck und eishockeyspielen in Olympiaworldi Innsbruck und NHL Sport doing und wieder elegant schön feiern auf der holzenen Tanzfläche erhielten wir als Familie den „NHL Hunzi Cup" und „NHL Stanley Cup Blumiball Innsbruck".... und für schönes tanzen den „NHL Potti für Peter Oberfrank – Hunziker, Michelle, Elke, Isabel, Lindsey, Aurora, Michaela, Anna, Leila, Miri, Tiri, Liri, Amelie, Linea, Elisabeth, Isabelo, Elisabetha, Alice und Blumensein und ET und friends Diego und Zico und Dino und Cu uma ...." and winning ..... „NHL Super bowl Miami Trophy for family" and „NHL ballett Trophy for Alice" and „NHL Bowling Trophy for Elke" and „NHL and NFL and MBA and NBA stanley Cup Trophy flowering" ....

Die NHL trophies in easy gameling starting ever sind wundervoller glitter with Special light PMILE on real good NHL Jerseys and celebrating Museums and remembering with minding .... starting with today on 20 December 2019 12:24 o'clock .... great ever unique

Gewinner von NHL schifigling trophies in Toronto und Rapperswil und Zürich und Lake

Louise und Louisiana und Mexiko und Rio de Janeiero und St. Anton und Kapstadt und Australien und Afrika und Afrikanis und Asien und alp City Innsbruck und Garmisch und New York für Peter und Michelle und Elke und Isabel und Lindsey und Kristiane und Blumenprinzessinnen ….. stolzer Gewinner von „NHL american Indian stanley Cup Trophy for Peter Oberfrank – Hunziker and all NHL ….." und von „NHL Indianer Pokal mit 4 kreisrunden Ringen und 1 Schale für Peter Oberfrank und schönes Naturarbeiten ewig und NHL sporteln und technisches weiterarbeiten und schön gestalten ….." und „NHL Natur trophy" (1 silbergold Schale mit Zeichen für Gras und Bäume und Löwen und Steine und Wasser und Sonne und Wolken ….).

NHL icehockey and Sport is great and wonderful …. in der Natur glücklich sein und lachen …. all ever happy ….. aeh ….. great nature

Wunderschöne Natur genießen und auch die vielen bunten Farben in der Natur …. mit gutem Eishockeyspielen in der Olympiaworld Innsbruck und schönes feiern und Gewinner der „NHL Stanley Cup Trophy Olympiaworld Innsbruck for Peter Oberfrank – Hunziker and family being ....." und auch ruhiges feiern mit schöner oranger Kerze.

Am 2. 2. 2020 mit NHL Erinnerungen und freudigen Sein und eishockeyspielen und Gewinner des NHL Kristalls skyblue .... für Peter Oberfrank – Hunziker .... im Herzen sein und glücklich sein ist wunderschön und ewig und einzigartig.

Mit tiefsinnigen Nachdenken und schönen Sein habe ich das Buch „NHL story and being" geschrieben und dieses Buch ist auch im internationalen Buchhandel erhältlich. Glanzvolles gewinnen der NHL Stanley Cup Trophy und schönes Feiern ....

Ein schöner Naturtag und gedankliche Erinnerungen an schön herzliche Besuche im NHL Museum und NHL Shield Museum und beautiful trophy Museum und wieder besuchen ..... fröhlicher Sport mit laufen und hunzolov schwimmen und tüchti gymnastic und spacydancing und freudiges Gewinnen der H stanley Cup trophy and wandering and holidayi and floweri .....

Good celebrating mit NHL medali und nature presents und schöner Modenschau und Musikparty und Nature Festivals und Zirkusfest mit Pferde im Wald besuchen und Eichhörnchen in den Bäumen und fliegende

Schmetterlinge in den Wiesen und Igel in den
Höhlen und Fische im Wasser und Papageien
und Drachen und Bären und Schildkröten und
viele Blumen ….. „NHL Stanley Cup Trophy
for Peter Oberfrank – Hunziker in ewigi" und
„NHL Stanley Cup Trophy for good NHL
Sport ever to Peter Oberfrank – Hunziker in
Los Angeles" und NHL shop Museum und
„NHL Daddy Festivals" und Theaterfestival
und Kinofestival und Philosophiefestival und
Kunstfestival und Sportfestival und
Geschichtefestival und Zukunftfestival und
Zeitfestival und „Ringele spielen" und
Kirchefestival und Buchfestival und NHL
being Festival und fröhliches Grasfest und
Coca Cola Fest und Burger Party Fest und
Fernsehfest und Radiofest und Ausflugfest und
journeying ….. glücklich und herzlich feiern
und weihnachtlich und Ostern lustig feiern
und wunderschöne spacy Festivals …..
Living happy …..
Mit Herzensliebe und gemäß „Große Liebe
Heiratsversprechen" in der roten Kirche und in
der rosa Kirche und in der weißen Kirche habe
ich ein Buch „NHL  National Hockey League"
geschrieben und dies mit ganz schönen
Naturerinnerungen und Sporterinnerungen und
schönen Sein ….. und dieses Buch ist auch im

internationalen Buchhandel erhältlich und ein Buchoscar wurde schon in der grünen Kirche fröhlich und herzlich wieder gefeiert und auch mit einer glanzvollen Modenschau.

Winning a „New York Rangers Trophy" ist auch ewiges Glücksgefühl und wunderschön in der Natur zu sein und alle NHL Vereine sind würdige Preisträger und wichtig sind auch die Schiedsrichter und die Zuschauer und ganz schön sind die Sportstadien und die Naturstadien ….. und lustiges Sportfest beim Gewinnen der „ET dreiorgel trophy" und schöne Erinnerungen auch zu den Musikfesten NHL und den NHL nature festivals und den „NHL Museum celebrating in nature Festen" und viel Freude beim Sport ….. schönes Gewinnen und viel Lachen bei der Zeremonie zur „Lindsey Vonn skiing trophy" und schönes feiern im Theater bei Ballett tanzen und am Eislaufplatz für schönen Eiskunstlaufsport eine kristallgoldene trophy for „wonderful iceartskating" und dann in der Natur wandern gehen und Urlaub machen im schönen „Märchenhaus" und ein Blumenfest und Schifffahrtfest und Weihnachtsbaumfest und auf der grünen Graswiese bei der „Herz Trophy" tanzen und zur Kirche gehen und Blumengeschenke machen das Feuerwerk

genießen und ein Brunnenfest und
Buchfestival und joying …..
Beim NHL Natur Festival und mit sportlichen
und natürlichen Sein gewinnen des NHL
Stanley Cups „Veriondo" und des NHL stanley
cups happy
Mit schönen Erinnerungen und glücklichen
sein und Freude mit Heiratsfesten und NHL
Sport und natürlichen lachen habe ich „happy
Buch" geschrieben und dieses Buch ist auch
im internationalen Buchhandel erhältlich ….
happy being ist auch schöne Natur feiern ….
Am 28. 2. 2020 bei einer „goodi laughing
Party" im Naturgarten happy sein und Sport
machen und glücklich sein und feiern des NHL
Stanley Cups „NHL poti on 28. 2. 2020  Peter
Oberfrank – Hunziker" und snowi festival mit
EMLIK Music und Natur genießen and NHL
ever celebrating …..
Mit Herzenserinnerungen und natürlichen Sein
ist mein Buch „Herzlachen und
Märchenbuchele" und dies ist mit
geschriebenen Text und auch einige freie
Seiten zum selber schreiben, zeichnen und
malen ….. dieses Buch ist auch im
internationalen Buchhandel erhältlich und vor
allem die Faschingszeit ist auch eine schöne
Buchzeit mit schöner Natur und vielen Farben.

Glanzvolles Indianer sein und lachen sind
wichtig im Leben und philosophieren und
etwas machen und mit viel Freude habe ich
das Buch „Herzliches lachen mit schönen Sein
und Natur genießen ….. ein Buch mit schönen
Gedanken und Indianer Erinnerungen und
natürlich sein und geschrieben in deutscher
und englischer Sprache und einfach ein
Buchele" in schöner Buchform geschrieben
und dieses Buch ist auch im internationalen
Buchhandel erhältlich. Ich bin gerne in der
Natur und auch beim Sport und feiere gerne.
Schöne Reiseerinnerungen und spaßiges
lachen sind schön und dies habe ich in meinem
geschriebenen Buch mit dem Buchtitel
„Dreaming book and being ….. ein Buch zum
Nachdenken und lachen" gerne beschrieben
und auch kreativ gestaltet und dieses Buch ist
auch im internationalen Buchhandel erhältlich.
Lustig lachen ist schön.
Mit schönen denken und sein habe ich das
Buch „yeahi" geschrieben und dieses Buch ist
auch im internationalen Buchhandel erhältlich.
Dieses Buch ist ein Buch mit Naturdenken und
auch mit Humor und happy feeling und
glücklich feiern und genießen …..
Spaßig und auch mit tiefen Herzenssinn und
auch indianisch habe ich das Buch „dark blue

is celebrating all ….. nature colourful"
geschrieben und dieses Buch ist auch im
internationalen Buchhandel erhältlich …..
joyfully and laughing
Herzenserinnerungen und sportliches Sein und
glückliches Sein mit viel schönen indianischen
Lachen sind im Buch von mir mit der
Buchbezeichnung „All sport is ….." und
dieses Buch ist auch im internationalen
Buchhandel erhältlich. Happyling by sports
doing and ever enjoying the nature.
Creative and funny being und mit Indianer
Erinnerungen und Große Liebe sein und
herzlichen Märchenerinnerungen und
sportlichen Erinnerungen und clownigen
Erinnerungen habe ich mit Herzensfreude das
Buch „Farbenfreude mit Indianerzeichen"
geschrieben und dieses Buch ist auch im
internationalen Buchhandel erhältlich. Ewiges
feiern und beim Naturhaus ist viel Lachen und
herzliches sein ….. beim Wandern sehen wir
im montrealischen Land landern schön im
Sommer buntfaltige Sommermode und als real
Montreal Canadiens spazieren wir zum Berg
liens und dort wohnen wir gerne im Haus und
im Garten wachsen schön die Blumen bohnen
….. unique celebrating and happy being …..
Natur genießen und ewig fröhlich sein und

guten NHL Sport machen und Spaß haben und
NHL Trophäen genießen und Heiratsfreude
ewigi im Herzen und glückliche Familie sein
und herzlich sein und freudig sein und
einzigartig sein und Märchenerinnerungen und
natürliches denken und tun und technisches
denken und machen und lachen sind in
meinem gern geschriebenen Buch „indiany"
und dieses Buch ist auch im internationalen
Buchhandel erhältlich ..... wundervoll sind
Blumenland und Indianerland und Steineland
und das Weltall und schönes kunstvoll sein ist
wichtig ..... auch NHL Sport und mit lustig
sein berichten auch vom 36. NHL Verein
indiany mit vollem NHL Sportvereinsnamen
yellow indiany ..... dieser NHL Verein indiany
ist angekoppelt an den NHL Sportverein
Boston Bruins ..... die NHL Geschichte ist
lange und schön ..... und auch in der Natur
sein ist ganz fein .....
Als NHL Sportler und glücklicher
Naturgenießer und mit schönen Erinnerungen
und kreativen Sein habe ich das Buch
„glücklich sein und fröhlich sein ..... nl
indiany sein" geschrieben und dieses Buch ist
auch im internationalen Buchhandel erhältlich.
Mit Frohsinn und buntigen Sein ist dieses
Buch und es ist ein schönes Buch und

auch ein Märchenbuch und eine
Reisebuch und auch ein Buch mit
sportlichen Sein und auch ein wertvolles
Architekturbuch ..... die Einzigartigkeit ist
im Herzen und dies schön ..... dieses Buch
ist auch ein Buch zum lächeln und für
Märchenabende und für
Philosophieabende und with smilelen .....
es ist schön in der Natur und im Herzen zu
sein ..... gooding ..... mit schönen
Heiratserinnerungen im Herzen und
glücklichen sein und familiären herzfreudig
sein und sportlichen sein ..... im Fasching
glänzt der Ehering    Auf indianisch heißt das
deutsche Wort reimen in englischer Sprache
liami und dieses Buch ist auch mit schönen
Erinnerungen und sein in Miami und fröhlich
sein bei der Kirche giami in Miami und
glücklich sein am Meeresstrand ........ mit
Naturdenken und schön in der Natur sein und
Herzlachen ist mein geschriebenes Buch
„glücklich sein und fröhlich sein ..... nl
indiany sein" und dieses Buch ist von mir
glücklichen Ehemann Peter Oberfrank –
Hunziker ein einzigartiges Große Liebe
Heiratsversprechen an meine glückliche
Ehefrau Michelle Hunziker und unsere Familie
mit Kindern und in der weißen Kirche ewige

Heiraten feiern und Weihnachten ewigi feiern
und schön Ostern feiern und ewig NHL Sport
machen und ewiglich lachen und Indianer und
Indianerin sein und einzigartig ewig im Herzen
mit lachen sein ….. luen ist Indianerland und
auch Hippieland und schön modisch und sehr
genau sein ist schön und Architektur und
Technik und Natur genießen sind wichtig und
auch schöner Sport und das History book und
NHL book und alle Bücher sind wichtg …..
schön sind NHL Sportfestivals und
Kinderfeste und Farbenfeste und Naturfeste
und Modefeste und Musiktanzfeste und
Naturruhefeste und Freudefeste …. glücklich
bei der grünen Kirche sein und herzlich
familiär sein und weit reisen und zuhause sein
…. schön sporteln und feiern bei der lila
Kirche und bei der rosa Kirche und ewig
weiterfeiern bei der goldenen Moscheekirche
….. spaßig feiern beim Almhüttele und
Teestubenkirche und Palmenkirche ….. und
überall im Sportspalast gut feiern und sich
erinnern und nachdenken und natürlich
genießen und freudig sein und Clown sein und
lachen und sportlich sein und beim
Philosophieren sein …..
Mit freudigen herzlichen einzigartigen
Erinnerungen zur Osterzeit und schönen

Erinnerungen beim ganzjährigen Blumenfest in Miami und Palmenfest in der Sporthalle giami und Sportfest in New York im Madison Square Garden und Indianerfest in luen City habe ich mit glücklichen sein das Buch „Eastern book also called Ostern Buch ….. indiany being is funny being ….. indianyiens und indianis und indianyongo und indianyhoho" geschrieben und dieses Buch ist auch im internationalen Buchhandel erhältlich ….. in Miami beim NHL Sporttrophäenfeierplatz habe ich lustig gesagt, dass der 36. NHL Sportverein indiany auch funny ist und dies heißt, dass indianisch sein auch schön glücklich sein ist ….. einzigartig und schön ist auch die Feier am gelben Meeresstrand in der indiany NHL town luen mit wunderschönen Feiern des „NHL Stanley Cups yellow for Peter Oberfrank – Hunziker and Family and Team ….." sozusagen mit easy cheasy sagen „yellow indiany" und sich freuen und dies ist ein ewiges Blumenfest und auch ein Sportfest und einfach das Naturfestival gut genießen …..

Spaßig ist es und mit viel Freude ist mein geschriebenes Buch „Hippie" und als Märchenversion ist dies das „Hippie Märchenbuch" und dies ist schöne Kreativität

und auch Buntheit …. diese Bücher sind auch
im internationalen Buchhandel erhältlich …..
Hippie sein ist lustig sein und mit lachen sein
und dies war und ist ewig ein schöner
Märchengedanke und glückliches sein ….. ho
ho sagt der Weihnachtsmann im Indianerland
luen und auch weltweites reisen ist sehr fein
bei Sonnenschein und auch bei Mondschein
….. lange bei schöner Musik tanzen und
kichern und hören wie die Vögel zwitschern
….. der NHL Verein nl ist auch wie die New
York Rangers und alle NHL Teams ein guter
NHL Sportverein und „Hippie" ist auch mein
NHL art name für mich Peter Oberfrank –
Hunziker und schön ist es mit meiner „Hippie"
Familie zu sein und zu wohnen im Naturhaus
lanaön ….. funny and easy sport is good and
we are ever celebrating by the wood …..
Herzensfreude
Mit spaßigen sein und glücklich sein habe ich
das Buch „Kinderbuch und Malbuch …
children book and painting book …..
Weihnachtspostamt Geschenkele ….
Osterpostamt Geschenkele …. nl Hippie
indiany funny Geschenkele … presentele"
geschrieben und dieses Buch ist auch im
internationalen Buchhandel erhältlich. Gutes
Natur feiern und NHL Sport feiern und tanzen

und lachen und farbenfroh sein und beim
Blumenfeld sein und ET treffen und papageio
beim Fliegen sehen und Igel auf der Wiese
sehen und beim Sand die Eselen sehen …..
Mein geschriebenes Buch „yall klingt so schön
in Montreal ….. die Nachtigall singt schön yall
….. Malbuch und Märchenbuch …..
presentele" ist ein Buch mit herzlich schönen
Erinnerungen und glücklich sein und ein Buch
zum selber kreativ sein und dieses Buch ist
auch im internationalen Buchhandel erhältlich.
Dieses kreative Buch ist auch ein sensibles
Buch von mir mit schönen Sport machen und
lachen und einzigartig sein und heiraten und
Familie sein und glücklich sein und treu sein
und feiern und wandern und singen yall   und
fröhlich sein in der Natur.
Mit spaßigen sein habe ich mein Buch
„Lustiges Buch mit blumigen Worten und
schönen Sätzen zum Lachen und Sport
machen" geschrieben und dieses Buch ist auch
im internationalen Buchhandel erhältlich …..
dies ist mit mit einzigartig sein und
glücklichen sein und sportlich sein.
Das von mir geschriebene Buch „Einzigartig
sein ist schön" ist ein schönes Buch und dieses
Buch ist auch im internationalen Buchhandel
erhältlich ….. dieses Buch ist mit schönen

Herzenserinnerungen und glücklichen sein und schönen Sport machen und glücklichen sein und reisen und zuhause sein.

Mit spaßigen und glücklichen Erinnerungen und glücklich sein habe ich das Buch „Celebrating NHL time with nature festivals and skyblue partying and funny sports doing" geschrieben und dieses Buch ist auch im internationalen Buchhandel erhältlich.

Herzlich sein ist schön und sportlich sein ist elegant und kraftvoll und athletisch ….. spaßiges lachen ist zauberhaft und einzigartig im Herz.

Ganz glücklich und mit lachen und herzlichen sein habe ich mein Buch „easy" geschrieben und dieses Buch ist auch im internationalen Buchhandel erhältlich. Sportliches sein ist schön und die Natur glanzvoll.

Mit schönen sportlichen Erinnerungen und glücklichen sein habe ich mein Buch „American indian being is funny being ….. for me Peter Oberfrank – Hunziker with my NHL art name Kevin Lavallee it is with laughing doing NHL sport and enjoying nature and partying" geschrieben und dieses Buch ist auch im internationalen Buchhandel erhältlich. Freudig lachen und genau sein und schöne Feste machen.

Mit schönen herzlichen Erinnerungen und glücklichen sein habe ich mein Buch „lucky" geschrieben und dieses Buch ist auch im internationalen Buchhandel erhältlich. Für mich Peter Oberfrank – Hunziker ist lucky auch mein NHL art name und hauptsächlich mit der Rückennumer 28 und als ewiger NHL Sportler und New York Rangers Teamkapitän freut mich das Sporteln ….. und schöne Gedanken an Partyfeste in Miami und Rapperswil und im luen Indianerland und kreativen NHL Sport machen und lachen und feiern und glücklich in Los Angeles sein und NHL Trophäen im NHL Museum feiern und eine glanzvolle Modeschau genießen und in Boston spaßig in der Discoteca Bieno tanzen und familiär wohnen und mit herzlichen lachen am Miami Strand sein …..

Glanzvoll schön und mit NHL Erinnerungen und glücklichen sein ist mein geschriebenes Buch „happy celebrating" und dieses Buch ist auch im internationalen Buchhandel erhältlich. Kreatives sein ist herzlich und einzigartig und sich freuen und lachen und schön im Herzen sein …..

Gutes fröhliches sein und NHL Sport sind in meinem geschriebenen Buch „american indian being" unique und dies mit lachen und ewig

feiern und sich erinnern und schön sein …..
und dieses Buch ist auch im internationalen
Buchhandel erhältlich ….. einfach und bunt
glücklich sein …..
Mit spaßigen sein ist mein geschriebenes Buch
„unique NHL day" und dieses Buch ist auch
im internationalen Buchhandel erhältlich.
Glücklich sein ist schön und einzigartig und
NHL Sport machen und lachen und feiern und
tanzen und nhling und happyling …..
Mein indianisch geschriebenes Buch „Happy
NHL" ist ein herzliches Familiebuch und NHL
Sportbuch mit schönen sportlichen Feiern und
sportlichen sein und dieses Buch ist auch im
internationalen Buchhandel erhältlich und
schön ist kreatives sein und lachen …..
Mit indianischen Herzensgefühl habe ich die
Bücher „All journeying and good gaming
winning New York Rangers Team in NHL and
good celebrating" und „Good NHL (National
Hockey League) celebrating" und
„Rosenbuch" und „indiany christmas ….. NHL
blue ever heartily weddingly" und „Stary" und
„Orangely" und „Star" und „Good NHL
victories and good NHL stories …. whiteying"
und „NHL indiany being and ever celebrating"
und „NHLY happy ever hearty celebrating"
und „NHL colourfull celebrating …. yoho ….

good memory book with blue festivalying and hearty being and good celebrating year 2021 and ever and hearty Love with laughing ….“ und „indianyhearty“ geschrieben und mit ewiger Herzensliebe und gemäß indianischen Heiratsversprechen mit meiner große Liebe Ehefrau Michelle Hunziker mit familiären indianischen sein habe ich das Bild „indiany sign“ und „Good happyness with NHL celebrating and heartily being ewigi ever by me Peter Oberfrank – Hunziker ….. indiany blue star ….. happyly being …….. Peter Oberfrank – Hunziker“ und „NHL Love colourfull heart celebrating“ und „indianyhearty remembering Rosengartele“ gezeichnet und gerne mit meinem einzigartigen NHL art naming und wedding naming und celebrating ever naming Peter Oberfrank – Hunziker unterschrieben und dies ist schön mit sportlich sein und froh sein und glücklich sein und treu im Herzen sein und freudig sein und mit indianischen Prinzipien sein und NHL player ewig sein …. und das Buch „bluewhitered NHL ever festival“ und das Buch „NHL good sport and blue star celebrating“ und das Buch „Indianisches Zeichen“ und das Buch „NHLY“ und das Buch „Wonderful sunshine“ und das Buch „NHLY

indianyhearty" und das Buch „nhlingly" und
das Buch „NHL Sport machen und lachen" mit
freudigen Herzen und sportlichen
Erinnerungen und herzlichen feiern und frohen
sein und lachen geschrieben ……..
Peter Oberfrank – Hunziker